Ser un superhéroe
Being a Superhero

Liz Shmuilov

Ilustrado por Mary K. Biswas

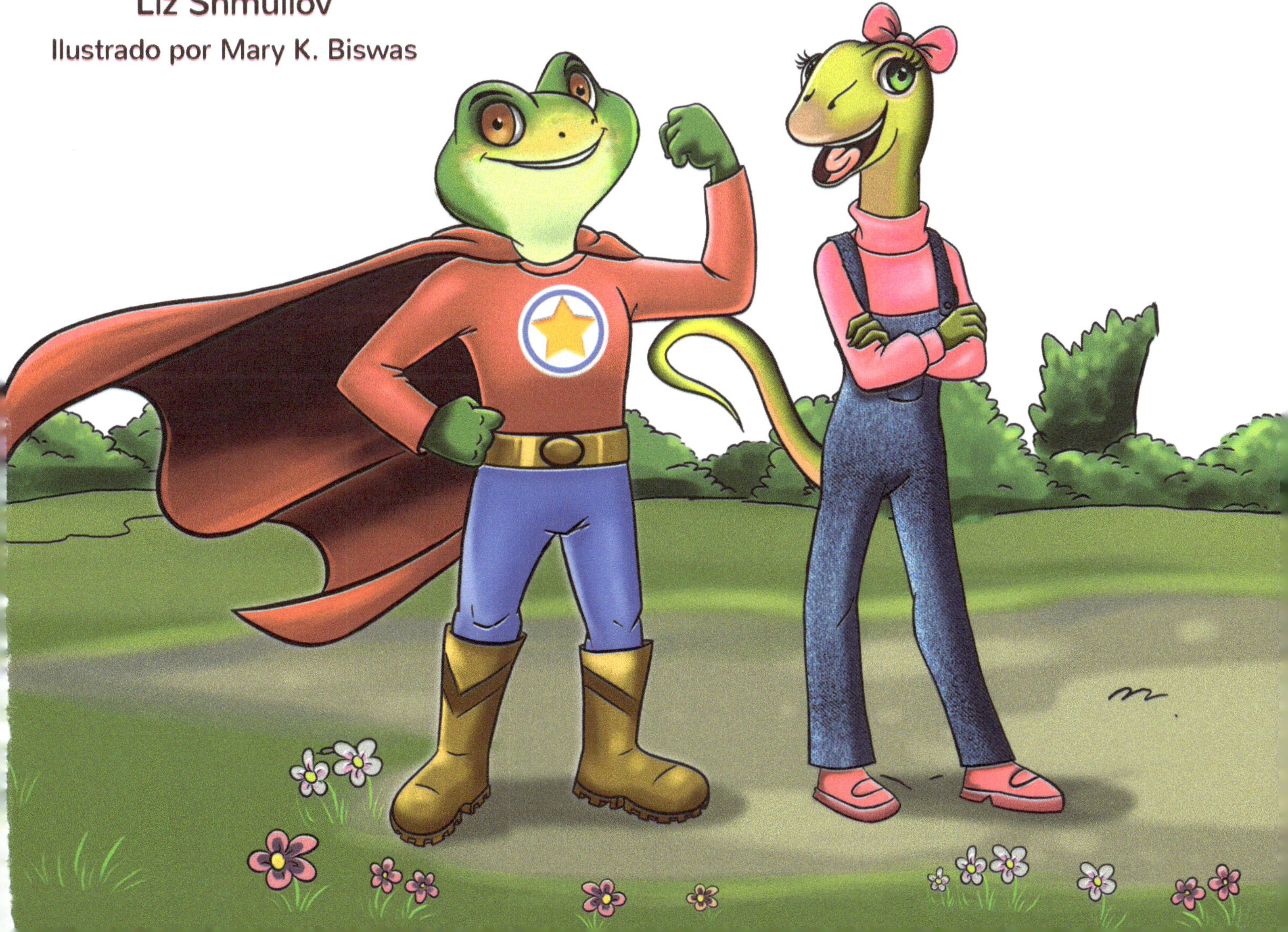

www.kidkiddos.com
Copyright ©2019 by KidKiddos Books Ltd.
support@kidkiddos.com

All rights reserved. No part of this book may be reproduced in any form or by any electronic or mechanical means, including information storage and retrieval systems, without written permission from the publisher, except in the case of a reviewer, who may quote brief passages embodied in critical articles or in a review.
Todos los derechos reservados. Ninguna parte de este libro se puede utilizar o reproducir de forma alguna sin el permiso escrito y firmado de la autora, excepto en el caso de citas breves incluidas en reseñas o artículos críticos.
First edition, 2019

Translated from English by Karen Rodríguez
Traducido del Inglés por Karen Rodríguez
Spanish editing by Mónica Michel and Alvaro Ahumada
Revisión del texto en español por Mónica Michel y Alvaro Ahumada

Library and Archives Canada Cataloguing in Publication
Being a Superhero (Spanish English Bilingual Edition)/ Liz Shmuilov
ISBN: 978-1-5259-1864-3 paperback
ISBN: 978-1-5259-1865-0 hardcover
ISBN: 978-1-5259-1863-6 eBook

Please note that the Spanish and English versions of the story have been written to be as close as possible. However, in some cases they differ in order to accommodate nuances and fluidity of each language.

¡Hola, amigos! Mi nombre es Maya. Soy una lagartija. Quiero contarles una historia acerca de mi mejor amigo, Ron la rana, quien se convirtió en un superhéroe.
Hi friends! My name is Maya. I am a lizard. I want to tell you a story about my best friend Ron the frog, who became a superhero.

Un día de verano, estaba en la casa de Ron viendo nuestro programa favorito de superhéroes.
One summer day, I was at Ron's house watching our favorite superhero show.

Sabes dijo Ron de repente, sería genial ser un superhéroe. ¡Así podríamos ayudar a otros!
"You know," Ron said suddenly, "it would be cool to be a superhero. Then we would be able to help others!"

¡Es una gran idea! respondí, mientras millones de ideas venían a mi mente. ¡Podría ser tu entrenadora y enseñarte todo lo que un superhéroe necesita saber!
"That's a great idea!" I replied, millions of thoughts racing through my mind. "I could be your coach and teach you all the things a superhero needs to know!"

He visto muchas películas, puedo enseñarte añadí.
"I've watched a lot of movies. I can teach you!" I added.

En cuanto escuchó esto, una mirada de esperanza apareció en el rostro de Ron.
"As he heard this, a look of hope appeared on Ron's face.

Pero todo superhéroe necesita un súper poder dijo en voz baja.
"But every superhero needs a superpower," he said quietly.

Pensé por un momento.
¡Tu súper poder puede ser tu talento de dar grandes saltos! ¡Ah, y tus manos pegajosas!
I thought for a moment. "Your superpower can be your talent in long jumps! Oh, and your sticky hands!"

¡Sí! Ron saltó emocionado.
"Yes!" Ron jumped with excitement.

Ahora necesitamos un traje. Algo que todos reconozcan dije.
"Now we need a costume. Something everyone will recognize," I said.

Ron corrió a su habitación y sacó una camiseta roja. ¡Podemos pintar una estrella enorme en esta camiseta!
Ron ran to his room and brought out a red shirt. "We can color a big star on this shirt!"

¡Qué gran idea! sonreí. ¿Qué tal una capa?
"Great idea!" I smiled. "How about a cape?"

¡Podemos utilizar mi cobija favorita! exclamó Ron. Sus ojos brillaban.
"We can use my favorite blanket!" exclaimed Ron. His eyes sparkled.

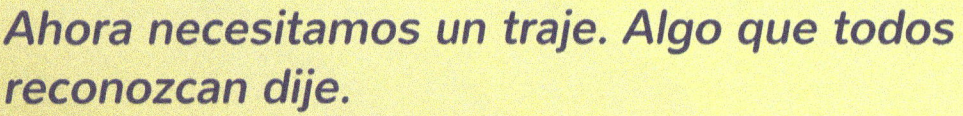

Nos pusimos a trabajar, dibujando y pintando la camiseta de Ron.
We got straight to work, drawing and painting on Ron's shirt.

¡Se ve fantástica! ¡Te vas a ver como un superhéroe de verdad! dije cuando terminamos.
"It looks amazing! You will look like a real superhero!" I said when we finished.

A la mañana siguiente, nos encontramos en el parque y empezamos a practicar.
The next morning, we met at the park and started practicing.

Hoy, te enseñaré unas cuantas cosas importantes que todo superhéroe necesita saber: Las Tres Reglas del Superhéroe.

"Today, I will teach you a few important things every superhero needs to know: The Three Superhero Rules."

Nos sentamos en una banca y le expliqué las reglas a Ron.

We sat down on the bench and I explained the rules to Ron.

Regla número uno: nunca te rindas, no importa lo difícil que sea la situación.
"Rule number one: never give up, no matter how difficult the situation gets."

Regla número dos: aprende de tus errores, para que puedas hacerlo mejor la próxima vez.
"Rule number two: learn from your mistakes, so that you can do better next time."

Regla número tres: ¡siempre recuerda que puedes hacer todo lo que te propongas!
"Rule number three: always remember that you can do anything!"

Trabajamos en memorizar las reglas y luego fuimos a mi casa.
We worked on memorizing the rules and then headed back to my house.

Cuando llegamos a casa, nos encontramos con mi hermanito Danny. Se veía molesto.
When we got home, we met my little brother Danny. He looked upset.

¡No encuentro mi juguete favorito! lloró a gritos.
"I can't find my favorite toy!" he cried loudly.

Miré a Ron y le susurré:
¡Esta parece ser una misión para un superhéroe!
I glanced at Ron and whispered, "This seems like a mission for a Superhero!"

Ron sonrió y asintió.
¿Cómo es el juguete? preguntó.
Ron smiled and nodded. "What does the toy look like?" he asked.

Es mi juguete de peluche, el león del programa de superhéroes de la televisión dijo Danny.
Es grande y suave.
"It's my stuffed toy, the lion, from the superhero TV show," explained Danny.
"It's big and soft."

No te preocupes, lo encontraremos Ron le aseguró y comenzamos con nuestra primera misión.
"Don't worry. We will find it," Ron assured him, and we began our first mission.

Buscamos por todas partes, en los armarios, en la alacena, detrás de las mesas y debajo de las sillas. El juguete no estaba en ninguna parte.
We looked everywhere—in closets, beside cupboards, behind tables and under chairs. The toy was nowhere to be found.

Ustedes deberían echar un vistazo al patio y yo me quedaré buscando aquí sugirió Ron.
"You two should go look in the backyard, and I'll keep searching here," Ron suggested.

En cuanto Danny y yo salimos, escuchamos la voz de Ron.
¡Lo encontré! ¡Lo encontré!
Just as Danny and I stepped outside, we heard Ron's voice. "I found it! I found it!"

Corrimos hacia él y vimos el pequeño objeto en sus mano.
We ran to him and looked down at the small object in his hand.

Ese no es el león del que hablaba, Danny frunció el ceño. Mi juguete es grande y suave, y este es pequeño y de madera.
"That's not the lion I was talking about," Danny frowned. "My toy is big and soft, but this one is small and wooden."

Al principio, el rostro de Ron estaba decaído, pero pronto una mirada de determinación reemplazó su decepción.
Ron's face fell at first, but a look of determination quickly replaced the disappointment.

No te preocupes dijo. Regla número uno de un superhéroe: ¡Nunca te rindas!
"No worries," he said. "Superhero rule number one: Never give up!"

Regla número dos añadí Aprende de tus errores. Estamos buscando un juguete de peluche GRANDE y SUAVE.

"Rule number two," I added, "Learn from your mistakes. We are looking for a BIG, SOFT, stuffed toy."

Suave y grande. ¡Entendido! Ron respondió.
"Soft and big. Got it!" Ron replied.

Y regla número tres dije, ¿Quién puede hacer lo que se proponga?
"And rule number three," I said. "Who can do anything?"

Soy un superhéroe ¡puedo hacer cualquier cosa que me proponga! gritó Ron con entusiasmo.
"I'm a Superhero and I can do anything!" yelled Ron enthusiastically.

Tenemos que pensar como superhéroes continuó. Si el juguete no está en la casa, debe estar en alguna parte afuera. ¡No puede volar!
"We have to think like superheroes," he continued. "If the toy is not in the house, it must be somewhere outside. It's not like it can fly away!"

Ron se rio y vio hacia el cielo, pero de repente, se congeló.
Ron giggled and looked up to the sky, but suddenly froze.

¿Qué estás mirando? me pregunté, mirando hacia arriba también.
"What are you staring at?" I wondered, looking up also.

Ron señaló la cima de un árbol de manzanas.
Ron pointed to the top of our big apple tree.

¡Mi juguete! ¡Lo encontraste, Ron! exclamó Danny.
"My toy! You found it, Ron!" Danny exclaimed.

¿Pero, cómo lo sacaremos del árbol? añadió en voz baja.
"But how will we get it from the tree?" he added quietly.

Ron puede llegar fácilmente dije. Puede usar sus súper poderes: sus manos pegajosas y sus largos saltos.
"Ron can get it easily," I said. "He can use his powers — his sticky hands and super long jumps."

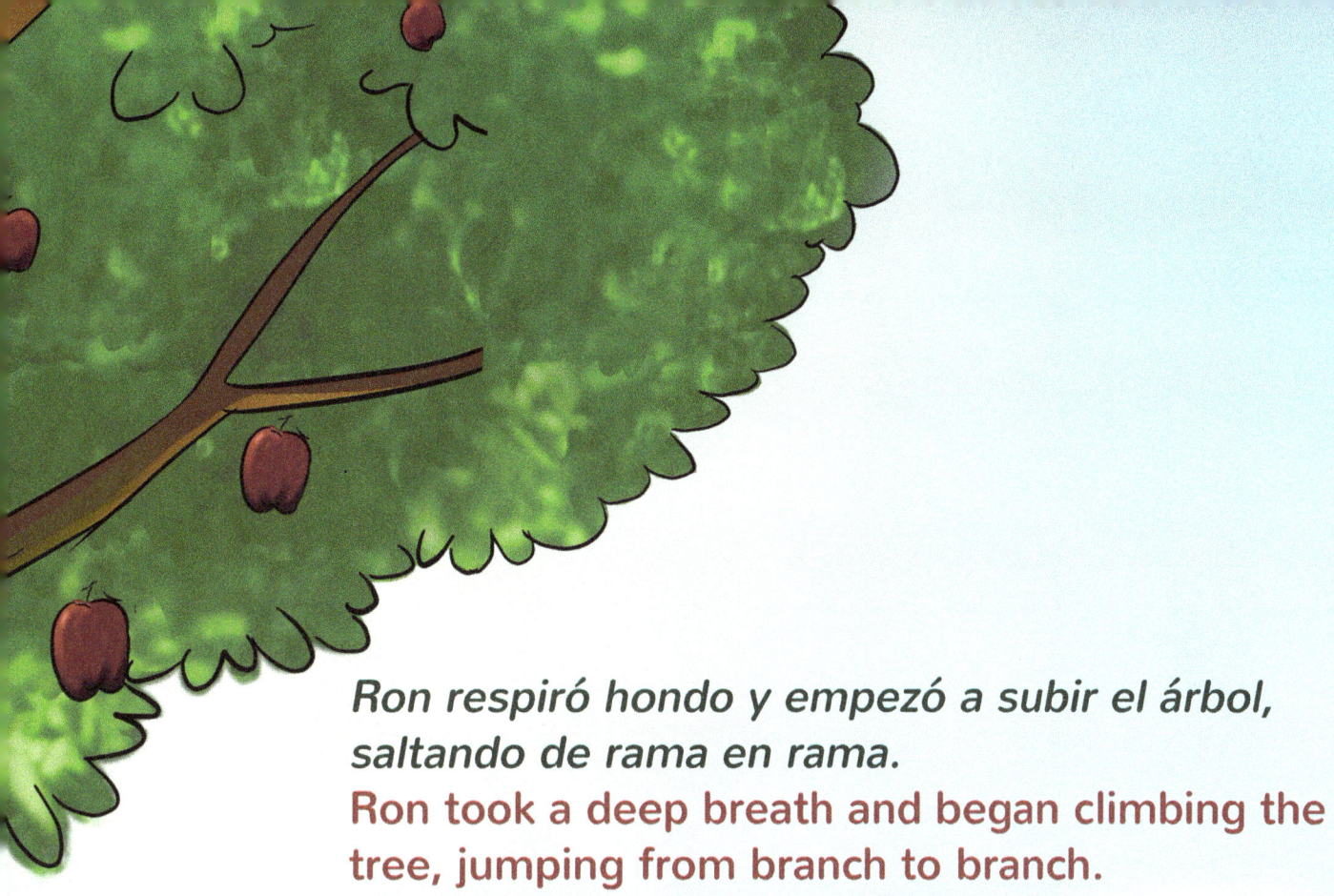

Ron respiró hondo y empezó a subir el árbol, saltando de rama en rama.
Ron took a deep breath and began climbing the tree, jumping from branch to branch.

Llegó hasta el juguete y rápidamente bajó y se lo entregó a mi hermano.
He reached the toy and very soon, got down and handed it to my brother.

¡Eres mi héroe! Danny rio y le dio un gran abrazo a Ron.
"You're my hero!" Danny laughed and gave Ron a big hug.

En realidad, Maya es la verdadera heroína Ron le corrigió. ¡Ella me ha enseñado todo lo que sé!
"Actually, Maya is the real hero," Ron corrected him. "She taught me everything I know! "

Ese día aprendí que incluso si no somos los superhéroes de las películas, ¡somos inteligentes y fuertes, y podemos hacer todo lo que queramos!
That day we learned that even if we're not the superheroes from the movies, we're smart and strong and can do anything we want!

Y recuerda, ¡tú también eres un superhéroe!
And remember, you are a Superhero too!

www.ingramcontent.com/pod-product-compliance
Lightning Source LLC
Chambersburg PA
CBHW061140070526
44584CB00033B/4378